AF231133

L'ARTICLE 8

DE LA CONSTITUTION

INTERPRÉTATION DE LA CLAUSE DE RÉVISION

PAR

M. Ed. LAFERRIÈRE

Président de Section au Conseil d'État

PARIS

A. COTILLON ET Cⁱᵉ

Editeurs-Libraires du Conseil d'État

24, RUE SOUFFLOT, 24

—

1881

L'ARTICLE 8

DE LA CONSTITUTION

INTERPRÉTATION DE LA CLAUSE DE RÉVISION

L'ARTICLE 8

DE LA CONSTITUTION

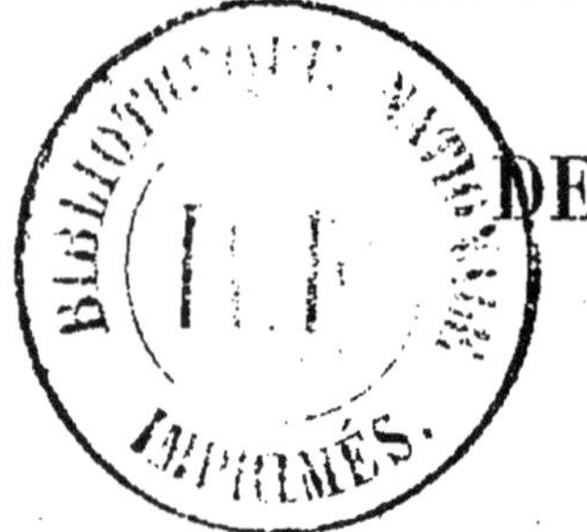

INTERPRÉTATION DE LA CLAUSE DE RÉVISION

PAR

M. Ed. LAFERRIÈRE

Président de Section au Conseil d'État

PARIS

A. COTILLON ET Cie

Editeurs-Libraires du Conseil d'État

24, RUE SOUFFLOT, 24

1881

L'ARTICLE 8 DE LA CONSTITUTION

INTERPRÉTATION DE LA CLAUSE DE RÉVISION

Quelques personnes m'ont fait l'honneur de me demander quelle est mon opinion, au point vue légal, sur la controverse de droit constitutionnel à laquelle donne lieu la clause de révision insérée dans l'article 8 de la loi du 25 février 1875. Elles ont pensé qu'une étude attentive de cette question, entreprise dans un esprit de sincère investigation juridique, complétée par un examen comparatif des clauses de révision contenues dans les anciennes Constitutions françaises et dans les Constitutions étrangères, pourrait aider à dissiper certains doutes et donner quelque appui à l'une des solutions en présence.

L'intérêt de cette question et les rapports qu'elle a avec mes études préférées m'ont encouragé à répondre à cet appel : non que je croie possible de faire cesser, par une froide consultation juridique, des dissidences dont la cause est complexe, mais parce que la recherche de la vérité légale mérite qu'on s'y attache pour elle-même.

J'examinerai successivement les points suivants :

I. — Position de la question ;
II. — Examen des textes contestés ;
III. — Historique de la clause de révision ;
IV. — Esprit de la loi constitutionnelle ;
V. — Précédents parlementaires ;
VI. — Anciennes Constitutions françaises et Constitutions étrangères ;
VII. — Conclusions.

I

Position de la question.

Je crois d'abord nécessaire de bien poser la question, ou plutôt les questions, car il y en a plusieurs qui doivent être successivement résolues quoique simultanément étudiées.

La question principale est de savoir si l'Assemblée nationale ou Congrès, réunie conformément à l'article 8 de la loi constitutionnelle est, comme on l'a dit, « maîtresse de son ordre du jour » ; si elle peut, quels que soient les termes des délibérations prises par les deux Chambres, mettre en discussion toutes les propositions de révision constitutionnelle qui lui seraient soumises par l'initiative de ses membres ; ou si au contraire elle n'a le droit d'aborder que les questions visées par la résolution des deux Chambres.

Cela revient à se demander si le Congrès, dès qu'il est réuni conformément à l'article 8, possède par lui-même la plénitude du pouvoir constituant, ou s'il ne peut exercer ce pouvoir que dans la mesure fixée par la délibération préalable des Chambres.

Cette première question résolue, on aurait encore à examiner les questions suivantes :

En admettant que le Congrès ne possède pas par lui-même la plénitude du pouvoir constituant, peut-il du moins recevoir des Chambres un mandat révisionniste général et illimité, ou bien ce mandat doit-il toujours être spécial et défini?

Quels sont, dans ces différents cas, les droits de proposition et d'amendement qui appartiennent aux membres du Congrès? Si le mandat est limité, le Congrès peut-il exceptionnellement réviser des dispositions constitutionnelles que la résolution des Chambres n'a pas déclarées révisables?

Que décider s'il n'y a pas un accord complet entre les deux Chambres relativement à l'objet de la révision?

Quels sont les droits respectifs du Congrès et des Chambres pour la solution des difficultés soulevées par l'article 8 et pour l'interprétation constitutionnelle à laquelle il peut donner lieu?

II

Examen des textes.

Dans toute question de droit, l'examen attentif des textes est le premier devoir de l'interprète ; le texte exprime la volonté du législateur, et l'on n'a le droit de procéder par voie d'interprétation que s'il est muet ou obscur sur la question à résoudre.

L'article 8 de la loi du 25 février 1875 est la

seule disposition constitutionnelle qui traite de la révision. Il est ainsi conçu :

« Les Chambres auront le droit, par délibérations séparées prises dans chacune à la majorité absolue des voix, soit spontanément, soit sur la demande du président de la République, de déclarer qu'il y a lieu de reviser les lois constitutionnelles. — Après que chacune des deux Chambres aura pris cette résolution, elles se réuniront en Assemblée nationale pour procéder à la révision. — Les délibérations portant révision des lois constitutionnelles, en tout ou en partie, devront être prises à la majorité absolue des membres composant l'Assemblée nationale. — Toutefois, pendant la durée des pouvoirs conférés par la loi du 20 novembre 1873 à M. le maréchal de Mac-Mahon, cette révision ne peut avoir lieu que sur la proposition du président de la République. »

Ce texte, il faut le reconnaître, ne répond pas explicitement aux questions posées; il ne les résout clairement ni dans un sens ni dans l'autre.

Le § 1er porte que les Chambres auront le droit de déclarer *qu'il y a lieu de réviser les lois constitutionnelles*, mais il omet de spécifier si cette déclaration doit être nécessairement générale ou nécessairement limitée, ou enfin si elle peut avoir, au gré des Chambres, l'un ou l'autre caractère.

On a soutenu que l'article 8, par la généralité de ses termes, n'a entendu prévoir qu'une déclaration générale et a implicitement exclu toute déclaration limitée. Il serait plus logique de conclure que la Constitution s'en est rapportée aux Chambres pour fixer elles-mêmes, selon les circonstances, la nature et la portée de leur délibération préalable. En effet, quand les Chambres ne sont pas liées par une disposition constitutionnelle impérative, il est conforme aux principes qu'elles restent maîtresses de leurs décisions. La limitation de leurs pouvoirs à cet égard est encore plus difficile à présumer que la limitation des pouvoirs du Congrès, puisque les droits des Chambres ne dérivent pas du Congrès, tandis que les droits du Congrès, si larges qu'on les suppose, dérivent toujours *ab initio* d'une décision des Chambres. Celles-ci pouvant lui refuser toute mission révisionniste, ne peuvent-elles pas, à plus forte raison, ne lui donner qu'une mission limitée?

On a invoqué, dans ce dernier sens, le paragraphe 3 de l'article 8 qui parle de « délibérations portant révision des lois constitutionnelles *en tout ou en partie* ». On a dit que l'alternative laissée aux Chambres, de proposer une révision totale ou partielle les met dans la nécessité d'indiquer quelle sorte de révision elles ont en vue, et, en cas de révision partielle, d'en énoncer les éléments. L'argument serait probant si le paragraphe 3 visait les délibérations séparées des Chambres, mais il vise (comme on peut s'en convaincre en relisant l'ensemble du paragraphe 3) les délibérations du Congrès lui-même. Il ne peut donc nous fournir la solution cherchée sur la portée des résolutions préalables des Chambres.

En sens inverse, on a invoqué ce même texte comme consacrant les pouvoirs illimités du Congrès, par cela seul qu'il lui permet de réviser la Constitution « en tout ou partie ». Mais l'argument ne porte pas; il ne s'agit pas, en effet, de savoir si la révision peut être totale ou partielle, l'article 8 tranche explicitement cette question; mais si la révision peut être totale quand les Chambres la demandent partielle, ou si elle peut atteindre une partie de la Constitution quand les Chambres en désignent une autre. Le paragraphe 3 est muet sur cette question.

Je ne veux pas insister davantage sur une interprétation littérale qui ne saurait être concluante. Aussi bien un texte législatif, à quelque subtile analyse qu'on le soumette, ne peut jamais dire clairement que ce qu'il a eu pour but d'exprimer. Or la question spéciale qui nous occupe, bien qu'elle n'ait certainement pas échappé aux rédacteurs de la Constitution, s'effaçait un peu à leurs yeux, devant des préoccupations plus pressantes. Ils pensaient par-dessus tout à l'institution même de la révision, à son mécanisme général, à son influence possible sur la durée des institutions républicaines, enfin à la part d'initiative qu'il convenait de réserver au président de la République. Le rôle respectif du maréchal de Mac-Mahon et des Chambres, en matière de révision, préoccupait alors les esprits plus que le rôle respectif des Chambres et du Congrès.

De là le laconisme de l'article 8 sur ce point particulier, si intéressant qu'il soit. Mais il n'en résulte pas que la solution soit restée livrée au hasard. En présence d'un texte incomplet, on a le devoir de consulter l'esprit de la loi, ses origines, l'intention de ses auteurs. Là est souvent la source la plus sûre de l'interprétation juridique. Je crois donc nécessaire de recourir à ces éléments et tout d'abord d'interroger l'historique de l'article 8, afin d'en préciser le but.

III

Historique de la clause de révision.

La clause de révision ne figurait pas dans el projet de loi constitutionnelle élaboré par le gouvernement de M. Thiers, et dont la présentation fut le signal du 24 Mai. Cette omission n'était sans doute pas involontaire : le gouvernement voulait avant tout assurer la stabilité constitutionnelle et il ne jugeait pas à propos de l'exposer aux entreprises des partis hostiles.

La révision ne figurait pas davantage dans le projet de loi organique présenté le 15 mai 1874 par le ministère de Broglie. Mais le motif de l'omission était différent. Le projet de M. de Broglie n'avait en vue qu'une organisation toute provisoire, celle du gouvernement du maréchal. L'exposé des motifs déclarait que ce projet s'abstenait à dessein « de lier à l'organisation du gouvernement du maréchal la proclamation d'une forme de gouvernement définitive ». L'idée de révision constitutionnelle pouvait donc être négligée lorsque l'idée même de Constitution était absente.

Cependant la commission des Trente, bien qu'elle fût d'accord avec le ministère de Broglie pour n'organiser qu'un régime provisoire, crut utile d'insérer dans son projet une clause de révision, et cela dans un double but : rassurer les partis monarchiques en leur promettant que la révision aurait lieu de plein droit à l'expiration des pouvoirs du maréchal ; rassurer le maréchal en lui garantissant qu'elle n'aurait pas lieu plus tôt, à moins que lui-même ne la demandât.

L'article 5 du premier projet de la commission était rédigé dans cet esprit et portait : —« A l'ex-
» piration du terme fixé par la loi du 20 no-
» vembre 1873, comme en cas de vacance du
» pouvoir présidentiel, le conseil des ministres
» convoque immédiatement les deux Assem-
» blées qui, réunies en Congrès, statuent sur
» les résolutions à prendre. Pendant la durée
» des pouvoirs confiés au maréchal de Mac-
» Mahon, la révision des lois constitutionnelles
» ne peut être faite que sur sa proposi-
» tion. »

Cette disposition donnait au Congrès des deux Chambres un droit de révision illimité à l'expiration du septennat ; elle lui permettait d'exercer spontanément ce droit sans qu'il fût question des délibérations séparées exigées plus tard par l'article 8.

Si ce système avait prévalu, il faudrait certainement accepter la thèse de l'omnipotence absolue du Congrès en matière de révision. Cette omnipotence était d'ailleurs toute naturelle dans l'esprit du projet préparé par les Trente. En effet, ils ne faisaient pas à proprement parler une Constitution : « Ce nom, disait
» leur rapporteur, M. Ventavon, ne convient
» qu'aux institutions fondées pour un avenir
» indéfini ; il s'agit seulement aujourd'hui d'or-
» ganiser des pouvoirs temporaires, les pou-
» voirs d'un homme. » La commission n'entendait donc pas constituer le gouvernement de la France, elle ajournait cette œuvre à l'expiration du septennat ; elle donnait, pour cette échéance, un pouvoir constituant illimité au

Congrès, qui n'était pas chargé de réviser la Constitution, mais de la faire.

Ce système a échoué, et l'article 5 du projet primitif s'est profondément modifié en devenant l'article 8 de la Constitution. Les changements qu'il a subis s'expliquent par l'intervention de MM. Wallon et Dufaure, véritables auteurs de l'article 8.

En effet, la clause de révision faisait partie du fameux amendement Wallon, dont un paragraphe spécial, voté à une voix de majorité, a consacré la République. Cet amendement complexe, dans lequel M. Wallon avait réuni les éléments d'une Constitution durable et les moyens de la reviser, contenait un paragraphe 5 ainsi conçu : — « La révision des lois constitu-
» tionnelles aura lieu sur la demande, soit du
» président de la République, soit des deux
» Chambres, avec cette réserve que pendant
» la durée des pouvoirs conférés à M. le maré-
» chal de Mac-Mahon cette révision ne pourra
» avoir lieu que sur la proposition du président
» de la République. »

Nous voyons apparaître ici l'idée d'une révision expressément demandée par les Chambres ou par le président, à la place de la révision de plein droit proposée par la commission. M. Wallon expliquait lui-même sa pensée en disant : « Je ne vous demande pas de déclarer
» définitif le gouvernement de la République.
» Qu'est-ce qui est définitif ? Mais ne le déclarez
» pas non plus provisoire. Faites un gouverne-
» ment qui ait en lui les moyens de vivre et de
» se continuer, qui ait aussi en lui les moyens
» de se transformer, non pas à une date fixe
» comme le 20 novembre 1880, mais lorsque le

» besoin du pays le demandera, ni plus tôt ni
» plus tard. »

Ces idées ayant été acceptées par l'Assemblée, grâce au vote du premier amendement
Wallon, il s'agissait d'en faire l'application à
la clause de révision. M. Dufaure avait préparé,
de son côté, une rédaction qu'il combina avec
celle de M. Wallon. Les résultats de ce travail
commun furent acceptés ou plutôt subis par la
commission, qui donna à cet égard d'intéres-
santes explications par l'organe de son rapporteur. M. Ventavon rappelle dans son rapport que
M. Dufaure avait d'abord proposé de n'exercer
le droit de révision qu'en 1880 ou à l'expiration
de chaque période de sept ans, puis il poursuit
en ces termes :

« Nous avons fait observer à l'honorable auteur
de l'amendement que le besoin d'une révision ré-
sultait le plus souvent, dans l'esprit d'une nation,
de faits importants se produisant d'une manière
imprévue, et démontrant que tel article sagement
édicté par le législateur créait tout à coup un danger social, ou du moins n'était plus en rapport
avec une situation nouvelle. Cette circonstance
venant à surgir, comment répondre à l'opinion
publique qui se prononce pour une réforme constitutionnelle ?

» L'honorable M. Dufaure a reconnu la valeur
de cette objection et il s'est conformé à la pensée
qui avait dicté l'amendement de M. Wallon, amendement d'après lequel le droit de révision peut
être invoqué à tout moment et cependant soumis,
chose non moins essentielle, à un contrôle sérieux.
La procédure que M. Wallon proposait était celle-
ci : il suffirait pour que le droit de révision fût
mis en pratique, que l'une des deux Chambres en
fît la demande. Au contraire M. Dufaure, tout en
accordant l'initiative au président de la République et à l'une ou à l'autre Chambre, demandait
que les deux Chambres commençassent par déli-

bérer séparément sur le point de savoir s'il y avait lieu à réviser les dispositions constitutionnelles, et qu'un vote affirmatif fût émis à la majorité par le Corps législatif et le Sénat, avant que l'on procédât à l'examen du fond confié aux deux Assemblées réunies en Congrès.

» M. Wallon a reconnu qu'au point de vue de la procédure, le système présenté par M. Dufaure était préférable au sien. Les deux amendements ont été combinés et le texte qui va vous être soumis réunit dans un parfait accord l'opinion définitive des auteurs des deux amendements et celui de la commission.

» Pendant la durée des pouvoirs du maréchal, lui seul aura l'initiative des propositions de révision. A l'expiration de ses pouvoirs, s'il est remplacé par un autre président, l'initiative appartiendra ou bien au président ou bien à l'une des deux Chambres, à cette condition qu'elles délibèrent séparément sur le point de savoir s'il y a lieu d'examiner la demande de révision, et qu'ensuite le débat s'engage sur le fond dans un Congrès composé des deux Chambres réunies. »

Ces documents permettent de rectifier une assertion qui s'est plus d'une fois produite : on a dit que la clause de révision était l'œuvre du parti monarchique, qui voulait introduire dans la Constitution un germe de destruction prochaine ; on en a conclu qu'il était dans l'esprit de cette clause de donner au Congrès la plénitude du pouvoir constituant. Cela peut être vrai de la première rédaction des Trente, celle qui chargeait le Congrès, après l'expiration des sept ans, de « statuer sur les résolutions à prendre » ; mais on voit que cela n'est plus vrai de la rédaction qui est devenue le texte même de l'article 8. Celle-ci est l'œuvre de MM. Wallon et Dufaure, c'est-à-dire de deux hommes qui voulaient établir une République modérée, parlementaire, la laisser vivre, et qui n'entendaient réserver à l'avenir que des réformes jugées indispensables, et « soumises à un contrôle sérieux ». Ce contrôle était celui des deux Chambres délibérant séparément.

Les courtes observations auxquelles l'article 8 a donné lieu aux séances des 3 et 24 février 1875 ne fournissent pas d'éléments nouveaux de décision. Il convient toutefois de rappeler l'échange d'explications qui eut lieu, à la séance du 3 février, entre M. Paul Cottin et la commission, sur la portée des mots « en tout ou en partie » :

M. P. Cottin. — Je voudrais savoir si par droit de révision, la commission entend, pour les assemblées dont il s'agit, le droit éminemment révolutionnaire de changer, à un moment donné, la forme même du gouvernement.

Plusieurs membres. — Evidemment oui !

M. P. Cottin. — Je déclare que si la commission entend ainsi le droit de révision, je ne voterai pas cet article.

M. Paris, membre de la commission. — Messieurs, le texte que nous venons de vous proposer répondra suffisamment à la question posée à cette tribune. Mais puisque l'on désire une déclaration plus complète, plus catégorique, nous ajoutons, au nom de la commission, à la rédaction qui nous paraissait très claire, qu'en disant « il pourra être procédé en totalité ou en partie à la révision de la Constitution », nous entendons formellement que toutes les lois constitutionnelles dans leur ensemble pourront être modifiées, que la forme même du gouvernement pourra être l'objet d'une révision. Il ne peut, il ne doit y avoir à cet égard aucune équivoque.

Assurément ces déclarations sont très nettes; elles pourraient être opposées à ceux qui refuseraient au Congrès le droit de procéder à une révision totale des lois constitutionnelles après une résolution conforme des deux Chambres. Mais elles ne contredisent point ceux qui soutiennent que cette résolution conforme est nécessaire pour fixer la portée de la révision.

Je ne mentionnerai que pour mémoire un amendement présenté par M. Raudot à la séance du 24 février et portant : 1º que les ministres seraient tenus d'assister et de prendre part aux discussions du Congrès ; 2º que le président de la République aurait le droit, pendant un mois, de demander au Congrès de revenir sur ses décisions. Cet amendement, étranger à notre question, fut rejeté sans débat.

Tel est le fidèle historique de la clause de révision. J'essaierai maintenant de préciser sa portée en interrogeant l'esprit général de la Constitution.

IV

Esprit de la loi constitutionnelle.

S'il est un point qui se dégage avec clarté des lois constitutionnelles de 1875, c'est le soin pris par le législateur, et parfois poussé à l'excès, de défendre son œuvre contre les entraînements de l'esprit démocratique. Le rôle important qu'il a donné au Sénat, placé auprès de la Chambre des députés pour la contrôler, la modérer, et au besoin la dissoudre, permet d'affirmer que la Constitution, fondée sur la pondération des deux Chambres, n'a pas voulu consacrer la soumission forcée du Sénat à la Chambre des députés en matière de révision constitutionnelle. Si donc, entre deux systèmes proposés pour l'interprétation de l'article 8, l'un a pour conséquence de détruire l'égalité entre les deux Chambres, l'autre de la mainteuir, on peut affirmer sans témérité que ce dernier est plus conforme que l'autre à l'esprit de la Constitution.

Examinons les deux systèmes à ce point de vue.

Si le Congrès possédait par lui-même la plénitude du pouvoir constituant, s'il suffisait d'une déclaration quelconque de révision pour ouvrir un champ illimité aux réformes constitutionnelles, il arriverait nécessairement un jour où la Chambre des députés disposerait à elle seule de la Constitution. Elle représente en effet près des deux tiers du Congrès puisque, sur 857 membres qui composent actuellement cette Assemblée plénière, 557 appartiennent à la Chambre des députés et 300 seulement au Sénat. Cette disproportion numérique ne peut pas créer une grave inégalité de prérogatives si le Congrès n'est admis à réviser que des dispositions déclarées révisables par les deux Chambres. En effet, le Sénat pourra mesurer d'avance la portée de son adhésion et exclure toutes les réformes qu'il jugerait dangereuses. Si au contraire le Congrès a le droit d'initiative, la supériorité numérique de la Chambre lui permet de soulever et de résoudre seule, dans le Congrès, des questions que l'unanimité des trois cents membres du Sénat ne suffirait pas à écarter. Pour conjurer ce danger, le Sénat n'aurait d'autre ressource que de s'opposer à toute demande de révision dans la crainte qu'on n'abusât de son consentement. Mais, outre que cette opposition systématique serait contraire au vœu de la loi et au bien public, elle ne pourrait pas se maintenir indéfiniment. Il arriverait nécessairement un jour où le Congrès se réunirait, et ce jour-là toute égalité serait rompue entre les deux Chambres.

En vain essaierait-on de rétablir cette égalité par une entente amiable sur l'objet de la révision. Cette entente même serait illégale. Si le Congrès avait la plénitude du pouvoir constituant, toute convention tendant à la restreindre serait inconstitutionnelle; elle ne serait pas opposable aux membres du Congrès qui voudraient passer outre et user de leur initiative; elle pourrait tout au plus valoir comme un vœu, une simple indication qui ne lierait personne.

Si l'on admet, au contraire, que l'entente est légale, qu'elle est exigée par la Constitution comme une condition nécessaire de la réunion du Congrès, il ne reste rien ou presque rien de l'objection si redoutable tirée de la disproportion numérique des deux Assemblées.

Cet aspect de la question ne semble pas avoir complètement échappé à l'Assemblée de 1875. Je crois devoir rappeler à ce propos un incident qui s'est produit à la séance du 24 février. M. Raudot avait présenté un amendement à l'article 1er, portant que le nombre des députés ne pourrait pas excéder celui des sénateurs. Il en donnait les raisons suivantes :

M. Raudot. — Vous venez de déterminer que le nombre des sénateurs sera de 300. Il faut savoir si les députés seront en nombre infiniment plus considérable ou s'ils seront en nombre égal.

S'ils sont en nombre beaucoup plus considérable, ils absorberont le Sénat, et alors toute l'éco-

nomie de votre loi de pondération et de contre-poids
est détruite. Quelle est l'économie de votre loi?
C'est de faire que le Sénat ait autant de pouvoir
que la Chambre des députés. Le Sénat fait les lois
comme la Chambre des députés; il est une partie
intégrante du Congrès qui revise la Constitution
et nomme le président.

Il faut donc savoir dans quelle proportion les
députés et les sénateurs seront dans ce Congrès si
important. Je propose de dire que les sénateurs
seront en nombre égal à celui des députés.

L'amendement de M. Raudot fut rejeté sans
discussion.

Comment expliquer cette apparente indiffé-
rence de la part d'une majorité et d'une commission qui n'étaient certes pas suspectes de
froideur pour les prérogatives du Sénat? Se
résignaient-elles sans discussion à voir la
Chambre des députés faire seule la loi en matière constitutionnelle? Il me semble plus na-
turel d'admettre que les membres de l'Assemblée trouvaient une réponse suffisante dans
l'article 8 interprété comme il doit l'être. Ils
étaient rassurés par la nécessité d'un programme de révision commun aux deux Chambres et dont le Sénat pourrait exclure toute proposition téméraire. Il paraît difficile d'interpréter autrement le rejet sans discussion de
l'amendement Raudot.

L'esprit de la loi constitutionnelle, et plus
spécialement de l'article 8, peut encore être in-
terrogé à un autre point de vue.

On doit se demander à quelle idée, à quelle
conception un peu nette répond la « délibération séparée » que l'article 8 exige de chaque
Chambre. Elle a pour but, chacun le reconnaît, de réaliser un accord : accord vague, se-

lon les uns; accord précis, selon les autres. Mais, du moment qu'on admet la nécessité d'un concours de volontés entre les deux Chambres, n'est-on pas conduit par cela même à lui assigner un objet déterminé ? La détermination de cet objet est de l'essence de tout concours de volontés. Sans prétendre appliquer, en droit constitutionnel, les principes du droit civil, il faut pourtant s'en inspirer quand ils ne sont eux-mêmes que l'application de vérités imposées par la nature des choses. D'après ces principes de droit et de raison, il est impossible de concevoir un accord sérieux, valable, sans un objet certain sur lequel porte le consentement.

Comment, en effet, pourrait-on s'accorder sans savoir sur quoi l'on s'accorde ? Si l'une des Chambres veut réviser les trois lois constitutionnelles et si l'autre n'en veut réviser qu'une seule, il n'y a point d'accord sur la révision (1); si la Chambre des députés entend remanier la loi du Sénat dans son ensemble et si le Sénat ne tient pour révisables que les dispositions relatives aux délégués municipaux, il n'y a point de

---

(1) Je dis à dessein « les *trois* lois constitutionnelles » bien que quelques personnes en comptent *quatre*, en y comprenant la loi du 2 août 1875 sur l'élection des sénateurs. Mais cette dernière loi n'a pas plus le caractère constitutionnel que la loi du 30 novembre 1875 sur l'élection des députés.

L'organisation du Sénat est réglée par la loi constitutionnelle du 24 février 1875 qui fixe la composition du corps électoral sénatorial; la loi du 2 août se borne à régler les opérations électorales et à assurer l'exécution de la loi constitutionnelle.

On peut en outre faire remarquer : 1º Que l'intitulé de la loi la désigne comme « loi organique » et non comme loi constitutionnelle; 2º que l'article 17 § 2 délègue à un règlement d'administration publique le

vues communes. En dehors d'un accord éclairé et loyal sur l'objet de la révision, il n'y aurait plus que malentendus, équivoques, surprises, toutes choses incompatibles avec la dignité du Parlement et avec l'intérêt national.

V

Précédents parlementaires.

Les précédents ont souvent autant d'importance en droit parlementaire que les décisions des juridictions souveraines dans les matières juridiques ordinaires. Ils créent une jurisprudence, la seule qui puisse venir en aide à la loi, puisque le Parlement est l'unique juridiction qui puisse valablement statuer sur les questions de compétence et de procédure parlementaire.

Deux précédents ont été cités ; ils correspondent aux deux seules réunions du Congrès qui aient eu lieu depuis la promulgation de la Constitution : l'une le 31 janvier 1879 pour l'élection du président de la République ; l'autre le 19 juin de la même année, pour la révision de l'article 9 de la Constitution.

Je ne pense pas que le précédent du 31 jan-

---

soin de régler certains détails secondaires de procédure électorale. Or, autant la délégation purement législative est naturelle et fréquente, autant il est difficile d'admettre qu'une parcelle quelconque du pouvoir constituant ait pu être déléguée au gouvernement en conseil d'Etat.

Je n'hésite donc pas à penser que la loi du 2 août 1875 pourrait être modifiée dans la forme législative ordinaire, après que la loi constitutionnelle sur l'organisation du Sénat, aurait été elle-même revisée conformément à l'article 8.

vier 1879 puisse être retenu au débat. En effet, le Congrès n'était pas alors réuni comme Assemblée de révision par application de l'article 8, mais comme corps électoral chargé d'élire le président par application des articles 2 et 7 de la loi constitutionnelle. D'autre part, les deux seules observations qui se sont produites à cette séance ne touchaient pas la question de révision. L'une a été faite par M. Sarlande, qui demandait si le président de la République serait élu pour sept ans ou pour le temps restant à courir des pouvoirs du maréchal de Mac-Mahon; l'autre par M. de Gavardie, qui invitait l'Assemblée à se prononcer sur l'acceptation de la démission du président. On a répondu au premier par la lecture de l'article 2 qui fixe la durée des pouvoirs présidentiels; au second par la question préalable. Il n'y a donc rien à puiser dans ce premier précédent.

Le second est au contraire décisif. Il nous révèle l'accord qui existait, en mars et en juin 1879, entre la Chambre des députés et le Sénat sur l'interprétation de la clause de révision.

Le projet de résolution tendant à la révision de l'article 9, qui fixait à Versailles le siège du gouvernement, ne consistait pas dans une demande de révision vague et non définie, mais dans une motion très précise ainsi conçue :

« La Chambre des députés décide qu'il y a
» lieu de reviser l'article 9 de la loi constitu-
» tionnelle du 25 février 1875, pour être pro-
» cédé conformément à l'article 8 de la même
» loi. »

A la séance du 22 mars, M. Méline, rapporteur, discuta le fond même de la question du retour des Chambres à Paris. Puis il termina son rapport par des déclarations très nettes sur la portée constitutionnelle de la résolution à laquelle il conviait la Chambre. Ces déclarations sont utiles à reproduire :

M. le rapporteur. — En terminant, je tiens à bien préciser, au nom de votre commission, le caractère du Congrès qu'il s'agit de réunir. Ce n'est pas un Congrès de révision générale de la Constitution.

Quelques voix à droite. — Ah! ah!

Un membre à gauche. — Oui, c'est cela !

M. le rapporteur. — Il a pour objet spécial et unique la suppression de l'article 9 de la loi du 25 février 1875. Il est entendu que la compétence de l'Assemblée qui se réunira, si les deux Chambres y consentent, est absolument limitée et ne saurait dépasser l'examen du point particulier qui lui sera soumis sans violer le texte et l'esprit de la Constitution.

M. de La Rochefoucauld, duc de Bisaccia. — C'est là une autre question.

M. le président. — Vous la discuterez, mais n'interrompez pas !

M. le rapporteur. — Quelques personnes auraient pensé qu'une fois la porte de la révision ouverte par un motif quelconque, l'Assemblée nationale se trouvait investie du droit constituant dans sa plénitude et pouvait remanier à son gré toutes les parties de notre Constitution. (Interruptions à droite.) Ce système ne saurait se soutenir en présence de l'article 8 de la loi du 25 février sur l'organisation des pouvoirs publics, qui est ainsi conçu : « Les Chambres auront le droit, par délibérations séparées prises dans chacune à la majorité absolue des voix, soit spontanément, soit sur la demande du président de la République, de déclarer qu'il y a lieu de reviser les lois constitutionnelles. Après que chacune des deux Chambres aura pris cette résolution, elles se réuniront en Assemblée nationale pour procéder à la révision. Les délibérations portant révision des lois constitutionnelles en tout ou partie devront être prises à la majorité absolue des membres composant l'Assemblée nationale. »

Quelques membres à droite. — Eh bien ?

M. le rapporteur. — Puisqu'il faut le consentement des deux Chambres pour la réunion du Congrès, la révision ne peut s'opérer que dans la mesure où ce consentement a été donné.

M. Labat. — C'est juste !

M. le rapporteur. — Or, si les deux Chambres ont été d'avis que la réunion ne devait se faire qu'en partie, pour un article déterminé, elle ne saurait aller au delà ; car, au delà, le consentement requis des deux Chambres ferait manifestement défaut, et le Congrès deviendrait illégal.

La Constitution opposerait à toute prétention de ce genre, si elle venait à se produire, une barrière infranchissable.

Ces déclarations n'ont donné lieu à aucune opposition ni réserve, en dehors des courtes interruptions de quelques députés de la droite qui sont rapportées au compte rendu.

Peu de jours après, le Sénat délibérait à son tour sur une proposition de M. Peyrat, non moins précise, non moins limitative que la résolution de la Chambre des députés. La commission du Sénat, comme celle de la Chambre, examina dans tous ses détails la question du retour à Paris ; mais elle se prononça contre l'abrogation de l'article 9, et conclut au maintien du siège du gouvernement à Versailles.

Il est à remarquer que parmi les arguments développés par le rapporteur, M. Laboulaye, contre le projet de révision, il n'y en eut pas un qui tendît à inquiéter le Sénat sur les dangers qu'une réunion du Congrès pourrait faire courir à d'autres dispositions constitutionnelles.

Le rapport ne fait allusion à cet ordre d'idées que pour l'écarter aussitôt :

On a dit, non dans la commission, mais dans les bureaux, qu'à réunir le Congrès sur la question de révision il y avait ce danger que l'Assemblée, saisie du pouvoir constituant, pourrait étendre la révision à d'autres articles de la Constitution sans que le Sénat ni la Chambre se fussent mis d'accord à ce sujet. Nous croyons que cette interprétation est contraire à l'esprit de la Constitution, qu'il y aurait là une surprise à laquelle personne ne songe dans le Sénat ni dans la Chambre, et par conséquent nous ne nous sommes pas arrêtés à cette objection.

L'objection condamnée par le rapport ne fut pas reproduite dans la discussion.

Voilà donc un précédent, émané à la fois de la Chambre et du Sénat, et qui est aussi contraire que possible à la thèse des pouvoirs illimités du Congrès. Quant au Congrès lui-même, il n'a pas eu à se prononcer le 19 juin, personne n'ayant soulevé la question devant lui. Il est vraisemblable qu'il ne l'aurait pas résolue autrement que les deux Chambres dont il était composé.

A ce précédent s'en ajoute un autre tout récent.

La Chambre des députés a été appelée, à sa séance du 15 novembre dernier, à apprécier la doctrine acceptée par la précédente législature. Elle l'a maintenue, malgré l'opposition d'un certain nombre de députés, et à la suite d'un débat dont il importe de rappeler les traits principaux.

M. Barodet avait déposé une proposition de révision ainsi conçue : « La Chambre des députés... Déclare qu'il y a lieu de reviser les lois constitutionnelles et propose, à cet effet, la réunion des deux Chambres en Assemblée nationale, à Versailles, le 25 janvier 1882. »

L'urgence ayant été demandée par l'auteur de la proposition, M. le président du conseil la combattit en invoquant, entre autres objections, le caractère trop général de la proposition Barodet :

M. le président du conseil. — Il est bien certain que l'on ne pourra aborder la question de savoir s'il y a lieu à la réunion de l'Assemblée nationale que lorsqu'on aura examiné séparément, dans chaque Chambre, sur quels points précis et limités doit porter la révision... (Très bien ! au centre et à gauche); car, messieurs, on ouvrirait la porte à toutes les aventures en ne fixant pas d'avance les points précis sur lesquels peut se faire l'accord entre les membres de la Chambre des députés et les membres de la Chambre haute. (Marques d'approbation sur les mêmes bancs.)

M. Clémenceau s'éleva avec vivacité contre la thèse de M. Gambetta et soutint que les Chambres n'avaient pas le droit de « limiter l'ordre du jour du Congrès ». Il est utile de reproduire textuellement cette partie du débat où la portée des deux systèmes fut précisée de part et d'autre :

M. Clémenceau. — M. le président du conseil a dit que le Congrès ne pouvait se réunir qu'après que les deux Chambres s'étaient mises d'accord sur l'ordre du jour de l'Assemblée nationale.

M. le président du conseil — Non, je n'ai pas dit cela !

M. Clémenceau. — Evidemment, c'est ma faute si je n'ai pas compris; mais il me semblait que vous aviez dit que les deux Chambres devaient tomber d'accord, avant la réunion du Congrès, sur les questions à débattre dans l'Assemblée nationale.

A droite. — Oui ! oui ! — C'est cela !

M. le président du conseil. — J'ai parlé des
points à traiter dans le Congrès, je n'ai pas parlé
de l'ordre du jour.

M. Clémenceau. — Si ce n'est pas sur son ordre
du jour...

M. le président du conseil. — Sur les points à
traiter !...

M. Clémenceau. — ...alors nous sommes bien
près de nous entendre, car comment peut-on limiter les points à traiter si on ne limite pas l'ordre
du jour ? (Marques d'assentiment à l'extrême gauche et à droite.)

Nous demandons, nous, la suppression du Sénat ; le gouvernement demande la modification de
la constitution actuelle de ce même Sénat. C'est
donc toujours de l'existence du Sénat, telle que
cette Assemblée est instituée par la Constitution,
qu'il s'agit, et je ne crois pas que la Chambre
puisse décider d'avance que telle partie de l'institution sénatoriale sera discutée et que telle autre
ne le sera pas. (Très bien ! à l'extrême gauche.)

Contester cela, c'est aboutir, malgré les distinctions si subtiles que faisait tout à l'heure M. le
président du conseil, à fixer, à limiter l'ordre du
jour de l'Assemblée nationale, ce que personne n'a
le droit de faire.

L'Assemblée nationale est maîtresse de ses discussions et par conséquent de son ordre du jour.
La Chambre décide s'il y a lieu à révision, mais
elle n'a pas, elle ne peut avoir le droit de limiter
l'action de l'Assemblée nationale. Le Sénat décide,
de son côté, s'il y a lieu à révision, mais il ne peut
fixer de limites à la délibération de l'Assemblée
nationale : il n'en a pas le droit.

Une fois que les deux Chambres se sont prononcées affirmativement sur la question de révision,
elles se réunissent en Assemblée nationale, et cette
Assemblée abordera alors la question de fond,
c'est-à-dire l'examen de la Constitution et des modifications dont elle lui paraît susceptible. Assurément cette question a, d'avance, été débattue

dans les deux Chambres, mais la discussion dans l'une et l'autre Chambre n'engage et ne saurait engager à aucun degré l'Assemblée nationale, maîtresse souveraine de ses résolutions.

Voilà quelle est, à mon avis, la véritable doctrine constitutionnelle sur ce point.

A l'extrême gauche. — C'est cela ! — Trés bien !

M. Clémenceau. — Mais, si l'on suivait la théorie indiquée par M. le président du conseil, à quoi aboutirait-on ?

On en viendrait forcément, en dépit de toutes ses distinctions, à limiter l'ordre du jour de l'Assemblée nationale et à lui dire : « Vous examinerez tel point, vous n'examinerez pas tel autre ! » Ce que personne n'a le droit de faire.

M. Clémenceau aborda ensuite l'examen des précédents et soutint qu'ils ne pouvaient lier ni le futur Congrès ni les Chambres dont ils émanent : le Congrès parce que ses prérogatives constitutionnelles ne sauraient être restreintes par des résolutions des Chambres ; les Chambres parce qu'elles ont toujours le droit de modifier leurs précédents ; parce que, d'ailleurs, elles n'ont jamais pris l'engagement de ne proposer au Congrès que des programmes de révision limités.

M. le président du conseil maintint avec force l'autorité des précédents et leur application directe à l'interprétation contestée :

Deux fois, on a décidé que lorsque le Congrès se réunirait, il ne pourrait mettre en délibération qu'un ordre de matières, les matières qui avaient été soumises au vote des deux Chambres et qui avaient obtenu leur consentement, car en dehors de ce consentement parfaitement précis et déterminé il n'y a pas lieu à révision, il n'y a pas lieu à réunion du Congrès.

Il y a une nécessité de stabilité gouvernementale qui ne permet pas de remettre en question, à propos d'une modification, d'une amélioration jugée nécessaire, l'existence des pouvoirs publics, l'existence et les attributions de telle ou telle Chambre, l'existence de la présidence, de ses attributions, et de transformer illégitimement, au grand détriment de l'avenir même des institutions que le pays s'est données, une question de procédure parlementaire en une immense agitation politique. (Applaudissements au centre et à gauche.)

La question étant ainsi posée, M. Clémenceau, après une courte réplique, déclara qu'il faisait appel à la décision de la Chambre, et qu'il lui demandait de la faire connaître par son vote sur la déclaration d'urgence.

La demande d'urgence fut rejetée par 345 voix contre 120, sur 465 votants.

On peut conclure de là que la Chambre a nettement manifesté, le 15 novembre 1881 comme le 22 mars 1879, sa volonté d'interpréter l'article 8 ainsi que nous proposons de le faire. Le Congrès seul pourrait désormais affaiblir, par des décisions contraires, la portée de ces précédents.

VI

Anciennes Constitutions françaises et Constitutions étrangères.

Il n'est pas inutile de compléter les documents réunis dans cette étude par un rapide aperçu des dispositions constitutionnelles qui ont régi en France la matière de la révision, ou qui la régissent actuellement dans les Etats étrangers.

J'insisterai plus spécialement sur les anciennes Constitutions françaises qui me paraissent fournir des analogies très favorables à l'interprétation proposée.

Je ne dirai rien des Chartes de 1814 et de 1830, ni des Constitutions, impériales qui ne sauraient nous fournir de rapprochement utile. Il en est autrement de la Constitution de 1791 et des trois Constitutions républicaines de 1793, de l'an III et de 1848.

En voici les dispositions, que je m'abstiens de commenter, me bornant à souligner celles qui me paraissent mériter attention au point de vue de la controverse actuelle :

Constitution du 3 septembre 1791. Titre VII. — 1. L'Assemblée nationale constituante déclare que la nation a le droit imprescriptible de changer sa Constitution ; et néanmoins, considérant qu'il est plus conforme à l'intérêt national d'user seulement, par les moyens pris dans la Constitution même, du droit d'en réformer *les articles dont l'expérience aurait fait sentir les inconvénients*, décrète qu'il y sera procédé par une Assemblée de révision dans la forme suivante :

2. — Lorsque trois législatures consécutives auront émis *un vœu uniforme pour le changement de quelque article constitutionnel*, il y aura lieu à la révision demandée...

5. — La quatrième législature, augmentée de 249 membres élus dans chaque département par doublement du nombre ordinaire qu'il fournit pour sa population, formera l'Assemblée de révision.

Constitution du 24 juin 1793. — Art. 115. — Si, dans la moitié des départements plus un, le dixième des assemblées primaires de chacun d'eux régulièrement formées demande la *révision de l'acte constitutionnel ou le changement de quelques-uns de ses articles*, le Corps législatif est tenu de convoquer toutes les assemblées primaires de la République pour savoir s'il y a lieu à une Convention nationale.

116. — La Convention nationale est formée de la même manière que les législatures et en réunit les pouvoirs.

117. — Elle ne s'occupe, relativement à la Constitu-

tion, *que des objets qui ont motivé sa convocation.*

Constitution du 5 fructidor an III. — Art. 336. Si l'expérience faisait sentir les inconvénients *de quelques art cles de la Constitution, le Conseil des Anciens en prop·iserait la révision.*

337. — La proposition du Conseil des Anciens est, en ce cas, soumise à la ratification du Conseil des Cinq-Cents.

338.—Lorsque, dans un espace de neuf années, la proposition du Conseil des Anciens ratifiée par le Conseil des Cinq-Cents a été faite à trois époques éloignées l'une de l'autre de trois années au moins, une Assemblée de révision est convoquée.

339.— Cette Assemblée est formée de deux membres par département, tous élus de la même manière que les membres du Corps législatif...

342. — L'Assemblée de révision n'exerce aucune fonction législative ni de gouvernement. *Elle se borne à la révision des seuls articles constitutionnels qui lui ont été désignés par le Corps législatif.*

Constitution du 4 novembre 1848. — Art. 111. Lorsque dans la dernière année d'une législature l'Assemblée nationale aura émis *le vœu que la Constitution soit modifiée en tout ou partie,* il sera procédé à cette révision de la manière suivante : — Le vœu exprimé par l'Assemblée ne sera converti en résolution définitive qu'après trois délibérations consécutives prises chacune à un mois d'intervalle et aux trois quarts des suffrages exprimés. Le nombre des votants devra être de cinq cents au moins. — L'Assemblée de révision ne sera nommée que pour trois mois. Elle ne devra s'occuper *que de la révision pour laquelle elle aura été convoquée.* Néanmoins elle pourra, en cas d'urgence, pourvoir aux nécessités législatives.

Ces quatre Constitutions ont ceci de commun qu'elles séparent le droit d'initiative du droit de décision, et qu'elles interdisent à l'Assemblée de révision d'étendre d'elle-même le champ

dos réformes. Trois de ces Constitutions con-
fient l'initiative aux Assemblées législatives,
comme la Constitution de 1875 ; l'acte constitutionnel de 1793 la réserve au peuple, dans des
formes qui en rendent l'exercice à peu près impossible. Toutes soumettent la révision à des
formalités plus longues et plus compliquées que
la législation actuelle. Deux seulement, celles
de 1793 et de 1848, admettent la révision totale.
Mais il est à remarquer que, la Constitution
de 1848 impose à l'Assemblée nationale l'obli-
gation de spécifier elle-même si la Constitution
doit être révisée « en tout ou en partie » ; elle
peut donc limiter la mission de l'Assemblée de
révision en lui désignant les parties à réviser.
On voit qu'aucune de ces Constitutions ne fournit d'analogies favorables à la thèse des droits
illimités du Congrès et de sa libre initiative.

Je passe aux Constitutions étrangères, en me
bornant à résumer les dispositions en vigueur
dans les principaux Etats républicains et dans
les monarchies parlementaires où la révision
est admise :

Suisse. — (Constitution fédérale du 12 septembre 1848, art. 111 et suivants.) — L'initiative de la
révision appartient à l'Assemblée fédérale si les
deux conseils qui la composent sont d'accord.
Si les deux conseils ne sont pas d'accord, le
peuple décide s'il y a lieu de procéder à la révision ; il peut aussi prendre cette décision si 50,000
électeurs le demandent. — La révision est opérée
par les deux conseils, qui sont préalablement re-
nouvelés. La Constitution révisée doit être ratifiée
par le peuple et réunir une double majorité, celle
des électeurs prenant part au vote et celle des
cantons.

Etats-Unis. — (Constitution fédérale, article 5.)
— L'initiative des amendements appartient au Con-

grès, mais il faut que le vote des deux Chambres soit émis, dans chacune d'elles, à la majorité des deux tiers. Cette initiative peut aussi être prise par les Etats de l'Union, à condition que les législatures des deux tiers de ces Etats se prononcent pour la révision. — La révision est opérée par une Convention spécialement élue à cet effet et qui propose, discute et vote les amendements. Les amendements ne deviennent définitifs que s'ils sont ratifiés par la législature des trois quarts des Etats, ou par des Conventions élues dans ces Etats, selon que tel ou tel mode de ratification aura été prescrit par le Congrès.

Grande-Bretagne. — La Constitution d'Angleterre, qui procède du droit coutumier plutôt que du droit écrit, a pour principe fondamental l'omnipotence du Parlement. « Le Parlement, dit un vieil adage, peut tout : excepté changer un homme en femme. » Il peut donc modifier la Constitution dans les formes ordinaires de ses décisions. Mais la sanction de la reine est nécessaire.

Belgique. — (Constitution du 7 février 1831, art. 131). — Le pouvoir législatif a le droit de déclarer qu'il y a lieu à la révision « de telle disposition constitutionnelle qu'il désigne ». Après cette déclaration, les Chambres sont dissoutes de plein droit ; la nouvelle législature statue, d'un commun accord avec le roi, « sur les points soumis à la révision ».

Pays-Bas. — (Loi fondamentale, art. 196.) — L'initiative des modifications appartient au roi et aux Etats-Généraux qui l'exercent dans la forme législative ordinaire. Toute proposition « indique expressément la modification proposée ». Les Chambres qui ont voté la proposition sont dissoutes. Il est statué par des Chambres nouvellement élues, dont les décisions doivent être prises à la majorité des deux tiers des voix.

Allemagne. — (Constitution fédérale du 16 avril 1871.) — Les modifications ont lieu sous forme de loi. Elles sont considérées comme rejetées quand 14 voix se prononcent contre elles au sein du conseil fédéral. (La Prusse ayant 17 voix peut s'opposer seule à toute modification de la Constitution fédérale et exercer ainsi, suivant l'expression reçue en Allemagne, un droit de *veto*.)

Prusse. — (Constitution du 31 janvier 1850, art. 107.) — La Constitution peut être modifiée dans la forme législative ordinaire sur l'initiative du roi ou des Chambres. Un intervalle de 21 jours doit s'écouler entre les deux votations.

Autriche-Hongrie. — (Loi fondamentale du 21 décembre 1867, art. 15.) — Les modifications aux lois fondamentales sont votées par le Reichsrath dans la forme législative ordinaire, mais elles doivent réunir une majorité des deux tiers des voix.

Danemark. — (Loi fondamentale du 28 juillet 1866, art. 95.) — L'initiative appartient au Rigsdag qui l'exerce sous forme de loi. Le gouvernement apprécie s'il y a lieu de donner suite à la proposition. Dans ce cas, le Rigsdag est dissous et il est procédé à des élections générales. Si la proposition est adoptée par les Chambres nouvelles et sanctionnée par le roi, elle a force de loi.

Suède et **Norwège**. — Système analogue à celui du Danemark.

Grèce. — (Constitution du 28 novembre 1864, art. 107.) — La Constitution ne peut être révisée que partiellement. La révision doit être demandée par deux législatures consécutives et à la majorité des trois quarts des voix ; la proposition « désigne les dispositions constitutionnelles à réviser ». Il est statué par une Assemblée spéciale composée d'un nombre de membres double de celle des députés.

Portugal. — (Charte du 29 avril 1826 et acte additionnel du 5 juillet 1852, art. 140.) — L'initiative des modifications constitutionnelles appartient exclusivement à la Chambre des députés qui l'exerce sous forme de loi sanctionnée par le roi. Cette loi ordonne aux électeurs de conférer un mandat spécial aux députés à élire pour statuer sur la réforme proposée.

Sans vouloir exagérer les conclusions à tirer

des Constitutions étrangères, on peut pourtant y trouver quelques indications utiles.

Ainsi l'on remarque que le système de révision consacré par l'article 8 de la loi de 1875, même interprété dans le sens le plus restrictif, est encore un des moins sévères qu'on puisse citer, un de ceux qui gênent le moins l'esprit d'innovation. A l'exception de l'Angleterre, où la doctrine de l'omnipotence du Parlement est absolue (sous réserve toutefois de la sanction royale), il n'y a point de pays où les modifications constitutionnelles ne soient soumises à des épreuves plus difficiles et plus compliquées qu'en France. Dans le petit nombre d'Etats où ces modifications peuvent s'opérer dans les formes législatives ordinaires, la Constitution exige une majorité exceptionnelle des deux tiers des voix ; en France l'article 8 se borne à exiger que la majorité absolue soit calculée sur le nombre des membres composant le Congrès au lieu du nombre des votants.

Presque partout une ligne de démarcation profonde est tracée entre l'autorité qui réclame la réforme et celle qui l'accomplit. Dans les Etats où le vote des réformes n'est pas exclusivement réservé à une Assemblée de révision toute spéciale, ce vote ne peut émaner que d'une législature nouvelle, après que le corps électoral a été expressément consulté et mis à l'abri de toute surprise. La France est presque le seul pays où les mêmes législateurs peuvent provoquer et exercer coup sur coup le pouvoir constituant, sans se mettre en contact avec le pays, sans lui offrir d'autre garantie extérieure qu'un changement dans la forme de leurs délibérations, une transformation de deux Chambres distinctes en une Assemblée plénière composée des mêmes membres.

Il n'est pas déraisonnable de supposer qu'on a voulu ajouter à cette garantie celle qui est exigée partout, celle qui résulte d'un accord préalable des deux Chambres sur l'objet de la révision.

VII

Conclusions.

En résumé :

Le texte de l'article 8, isolé des discussions qui l'ont préparé et commenté, ne fixe peut-être pas suffisamment la portée des mots « délibérations séparées ». Mais l'historique de la clause de révision prouve que ces délibérations ont été exigées tout exprès pour donner aux Chambres le droit de définir, dans chaque cas, la mission du Congrès et l'étendue de ses attributions constituantes.

D'ailleurs l'article 8, en exigeant un accord préalable des Chambres, suppose par cela même que l'entente doit se faire sur une ou plusieurs questions déterminées, puisque l'idée d'accord exclut celle de vues incertaines ou contradictoires.

L'esprit général de la Constitution, qui tend à assurer la pondération des deux Chambres et l'équivalence de leurs prérogatives, répugne à un système qui donnerait un pouvoir constituant illimité à une Assemblée où le Sénat n'aurait environ que le tiers des suffrages. L'inégalité numérique des deux Assemblées ne peut se concilier avec l'esprit de la Constitution que si l'on reconnaît à chacune d'elles des droits égaux quant à la désignation des matières à réviser.

L'interprétation proposée a été acceptée par la Chambre des députés en mars 1879 et en novembre 1881; par le Sénat en mars 1879. L'interprétation contraire n'a pour elle aucun précédent parlementaire.

Enfin les principes généraux du droit constitutionnel, attestés par les anciennes Constitutions françaises et par les Constitutions étrangères, consacrent la distinction du droit d'initiative et du droit de décision en matière de réformes constitutionnelles. Ils permettent au pouvoir qui a le droit d'initiative de limiter à son gré le champ des réformes, et ils interdisent aux Assemblées de révision de le dépasser.

En s'inspirant de ces considérations et des documents sur lesquels elles s'appuient, on peut maintenant répondre aux questions posées dès le début de cette étude.

I. — Rectifions tout d'abord les termes de la question principale. C'est à tort qu'on s'est demandé si le Congrès est « maître de son ordre du jour ». La question discutée est une question *d'attributions* et de *compétence* et non une question d'*ordre du jour*.

Les décisions d'une Assemblée en matière d'ordre du jour et de règlement de ses travaux ne sont souveraines que dans la mesure de ses attributions légales. Le Sénat est maître de son ordre du jour, mais il n'aurait pas le droit de se saisir d'une loi de finances qui n'aurait pas été préalablement soumise à la Chambre. Le

Congrès est maître de son ordre du jour, mais il n'aurait pas le droit d'y inscrire des propositions budgétaires ou des lois ordinaires. L'ordre du jour se règle d'après les attributions, et non les attributions d'après l'ordre du jour.

Les mots et l'idée d'ordre du jour doivent donc être écartés de ce débat avec lequel ils n'ont aucun rapport.

II. — Le Congrès ne possède pas par lui-même la plénitude du pouvoir constituant. Il ne peut exercer ce pouvoir que dans la mesure fixée par les deux Chambres, et il ne peut reviser que les dispositions qu'elles ont déclarées revisables.

III. — La mesure dans laquelle les deux Chambres peuvent décréter la révision n'est pas restreinte par la Constitution puisque celle-ci autorise la révision totale ou partielle. Il appartient donc aux Chambres de déterminer à leur gré l'objet de la révision. Elles peuvent décréter la révision de la Constitution tout entière, ou de lois constitutionnelles déterminées, ou d'une ou plusieurs dispositions limitativement énoncées.

Si les Chambres décrètent la révision totale, le Congrès se trouve investi de la plénitude du pouvoir constituant, non par lui-même ni en vertu d'un droit propre à ses membres, mais en vertu du mandat général conféré par les Chambres.

IV. — Le Congrès ne possédant pas par lui-même le pouvoir constituant, ses membres ne peuvent pas le saisir de motions constitutionnelles étrangères à l'objet spécifié par les Chambres. Leur droit d'initiative ne serait entier que si les Chambres s'étaient prononcées pour une révision totale.

Mais, à défaut du droit d'initiative, les membres du Congrès ont le droit de formuler des propositions, des contre-projets, des amendements sur toutes les questions visées par les résolutions des Chambres.

Les mêmes droits appartiennent au gouvernement et les mêmes réserves lui sont opposables.

V. — S'il y a une relation étroite entre une disposition de la loi constitutionnelle visée par la résolution des Chambres et d'autres dispositions non visées, de telle sorte que l'abrogation ou la modification de l'une semble nécessairement entraîner la modification des autres, le Congrès a-t-il le droit de reviser spontanément ces dernières ?

Je ne le pense pas. Toute l'économie de l'article 8 serait compromise si, en présence d'une déclaration précise portant exclusivement sur des articles déterminés, le Congrès avait le droit de se saisir d'autres articles. Il pourrait alors étendre, par voie d'interprétation, la portée de la déclaration qui le saisit et regarder comme solidaires des textes que les deux Chambres n'auraient peut-être pas considérés comme tels. Si d'ailleurs la discussion révélait clairement la nécessité de réformer des dispositions non visées par la déclaration des Chambres, celles-ci pourraient délibérer séparément à ce sujet et soumettre au Congrès une proposition additionnelle.

VI. — Les délibérations séparées exigées par l'article 8 ont pour but et doivent avoir pour effet de réaliser un accord entre les deux Chambres sur l'objet de la révision. Mais tout défaut de concordance entre la déclaration du Sénat et celle de la Chambre des députés aura-t-il nécessairement pour résultat d'annuler la déclaration tout entière ?

Cette question ne peut pas être résolue en termes absolus. On devra s'inspirer, pour sa solution, de l'intention commune des deux Chambres. Si l'une d'elles a considéré comme indivisible l'œuvre de révision qu'elle a proposée, un désaccord même partiel paralysera la révision. Si au contraire les Chambres n'ont différé que sur l'extension plus ou moins grande d'un programme contenant des questions distinctes et indépendantes les unes des autres, le Congrès sera valablement saisi des questions sur lesquelles l'accord se sera réalisé. Le surplus sera non avenu.

VII.— L'interprétation des dispositions constitutionnelles appartient en principe au Congrès, en vertu de la maxime : *Ejus est interpretari legem cujus est condere.* Mais il y a lieu de distinguer, au point de vue de l'autorité et de la forme de ces décisions, selon qu'il s'agit d'une loi interprétative ou simplement de la solution d'un incident parlementaire.

Les lois d'interprétation définitive ne peuvent être faites par le Congrès que dans les formes requises pour la révision, et après une résolution des deux Chambres décidant qu'il y a lieu d'interpréter telle disposition constitutionnelle.

Mais le Congrès a le droit de statuer, dans la

mesure où la nécessité s'en impose, sur les difficultés qui risqueraient d'entraver le cours de ses délibérations. Dans ce cas, ses décisions n'ont que l'autorité de précédents parlementaires.

Si donc le Congrès, réuni pour la révision de dispositions déterminées, était saisi par un de ses membres d'une motion constitutionnelle étrangère à l'objet de la révision, il devrait d'abord décider si cette motion est recevable, ou si la question préalable doit lui être opposée. Il serait ainsi amené à interpréter l'article 8 de la Constitution; mais sa décision ne serait alors qu'une décision de jurisprudence parlementaire. Elle n'en aurait pas moins une autorité considérable, et elle suffirait sans doute à fixer l'interprétation contestée.

Cette distinction entre les décisions constitutionnelles du Congrès et les simples résolutions qu'il lui appartient de prendre, ainsi qu'à toute assemblée parlementaire,. pour les nécessités de sa police intérieure, présente un intérêt particulier au point de vue de la majorité requise dans l'un ou l'autre cas. Quand le Congrès statue en matière constitutionnelle, ses décisions doivent être prises « à la majorité absolue des membres composant l'Assemblée nationale ». (Art. 8, § 3.)(1). S'il s'agit de résolutions n'ayant

---

(1) Comment doit-on interpréter ces mots de l'article 8, § 3, « majorité absolue des membres *composant l'Assemblée nationale ?* »

La majortté doit-elle être calculée d'après l'effectif réel des deux Cbambres, tel qu'il existe au moment de la réunion du Congrès et déduction faite des slèges vacants, ou bien d'après l'effectif légal et complet?

Je pense que cette dernière solution doit être préfé-

pas force de loi constitutionnelle, la majorité des votants suffit.

Telles sont les conclusions auxquelles me paraît conduire l'étude juridique de la question. Quant aux considérations politiques, je ne les aborderai pas ; je me bornerai à rappeler qu'il ne saurait y avoir de bonne politique en dehors d'une recherche loyale et d'une scrupuleuse observation de la légalité constitutionnelle.

Décembre 1881.

---

rée. Quand la loi constitutionnelle parle des membres « composant » une Assemblée, elle doit être présumée viser la composition légale et permanente de cette Assemblée, et non son effectif de fait, qui est essentiellement variable. La loi sur l'organisation du Sénat porte que le « Sénat se compose de trois cents membres, » ce qui semble bien associer le mot et l'idée de « composition » à celle d'organisation permanente.

On doit d'ailleurs admettre que la pensée du législateur, en exigeant cette majorité exceptionnelle, etait de placer les décisions du Congrès au-dessus de toute discussion, de les imposer comme l'expression incontestable du vœu de la majorité; de ne pas permettre qu'on mît en doute, à propos d'un décès ou d'une démission, l'autorité légale et morale d'une de ces décisions, ne fût-elle prise qu'à une voix de majorité.

Cette interprétation semble d'ailleurs avoir été admise par le bureau du Congrès lors de la révision de l'article 9. En effet, la proclamation du scrutin fixe la majorité à 417 voix ; ce qui suppose un effectif total de 833 membres. qui correspondait alors à l'effectif normal et complet des deux Chambres.

TABLE DES MATIÈRES

Pages.

I. — Position de la question................. 4

II. — Examen des textes 5

III. — Historique de la clause de révision.... 9

IV. — Esprit de la loi constitutionnelle....... 15

V. — Précédents parlementaires............ 20

VI. — Anciennes Constitutions françaises et
Constitutions étrangères 28

VII. — Conclusions.... 35

Paris. — Imp. SCHILLER. 10 et 11, faub. Montmartre.